c'est la vie

D1099215

merci

Luba xoxo

c'est la vie

paroles amusantes et touchantes sur le sens et l'essence de la vie

recueillies par Tom Burns

éditions
marée haute

Infographie : Carl Lemyre

Titre original : That's Life
© 2005 Axis Publishing Limited

© 2006 Éditions Marée haute
pour la traduction française :
Louis Letendre

ISBN 2-923372-19-0

Tous droits de traduction, de reproduction et d'adaptation
réservés pour tous pays.

Dépôt légal :   Bibliothèque nationale du Québec, 2006
                Bibliothèque nationale du Canada, 2006

Distribution :   Diffusion Raffin
                 29, rue Royal
                 Le Gardeur (Québec)
                 J5Z 4Z3
Courriel : diffusionraffin@qc.aira.com

Imprimé en Chine

au sujet du livre

Eh oui, *c'est la vie !* Y a-t-il meilleure façon de prendre la vie qu'avec un grain de sel, un bon mot et un sourire ? Ce livre aborde ainsi toutes les étapes de la vie : des premiers pas et des premières amours jusqu'à la retraite et au troisième âge.

Nous menons tous des vies très stressantes et nous oublions parfois de prendre un peu de recul pour rire gentiment de nous-mêmes et de nos travers. Ces paroles amusantes et touchantes, combinées à de suberbes photographies animales, constituent le cadeau idéal pour apporter un peu d'encouragement, pour faire réfléchir ou simplement pour faire rire et sourire.

au sujet de l'auteur

Tom Burns a écrit dans plusieurs magazines et dirigé la publication d'une centaine

de livres sur des sujets aussi variés que les jeux et les sports, les films, l'histoire et la

santé. À l'aide des centaines de phrases et pensées amusantes que lui ont envoyées

des gens de tous les coins du monde, il a composé ce recueil qui n'a d'autre but

que de vous faire rire et sourire. Mais n'est-ce pas la

meilleure façon de prendre la vie ?

L'une des caractéristiques
des enfants normaux,
c'est qu'ils n'agissent
pas souvent comme
des enfants normaux.

Il est rare que les enfants déforment vos paroles. De fait, ils répètent habituellement mot pour mot ce que vous n'auriez pas dû dire.

Si vous avez un diplôme universitaire, vous pouvez être sûr d'une chose : vous avez un diplôme universitaire.

Les parties du système informatique contre lesquelles on peut frapper avec un marteau s'appellent « hardware » ; les parties contre lesquelles on peut seulement jurer s'appellent « software ».

Les enfants ont besoin qu'on leur explique longtemps ce qu'on ne comprend pas soi-même.

Ne jamais interrompre quelqu'un qui est en train de dire une bêtise.

L'expérience, c'est ce qu'on acquiert à force d'en manquer quand c'était le temps d'en avoir.

Honnêteté : dire à ta mère ce que tu as fait avant que ton frère ou ta sœur ait la chance de lui dire.

L'exubérance de la jeunesse
est due en grande partie à son
ignorance des lois de l'impôt.

Pour garder vos enfants à la maison, dégonflez leurs pneus.

Dormir est
la marque du génie.

Il est facile de faire entendre
raison à la nouvelle génération :
parlez fort, et attendez
une vingtaine d'années.

Rien ne se perd :
l'adolescent moyen
a retrouvé tous les
défauts que ses
parents n'ont plus.

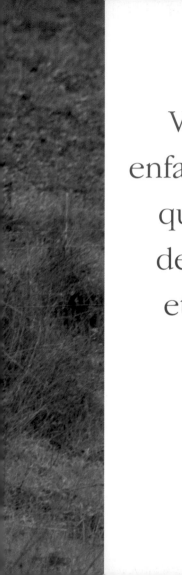

Vous savez que votre
enfant n'est plus un enfant
quand il cesse de vous
demander d'où il vient
et refuse de vous dire
où il va.

Les enfants apprennent vite à conduire la voiture…

mais ils n'arrivent jamais à maîtriser la tondeuse à gazon.

On n'est jeune qu'une fois,
mais on peut rester immature
toute sa vie.

L'avantage d'une éducation universitaire, c'est qu'on en sort assez philosophe pour comprendre qu'on ne fera jamais beaucoup d'argent.

Les vacances :
Temps de repos
et de déplacement où l'on
apporte deux fois plus
de vêtements et deux fois
moins d'argent
qu'on en a besoin.

Toutes choses étant égales par ailleurs, comment se fait-il qu'elles sont si inégales par ici?

La ligne est mince entre pêcher et rester planté là comme un idiot au bord de l'eau.

La plupart des gens cessent
de se chercher du travail
quand ils trouvent un emploi.

Mon cerveau commence
à travailler dès que je me réveille
et il n'arrête pas tant que
je ne suis pas rendu au bureau.

Donnez du poisson à quelqu'un, et il pourra manger pendant une journée ; apprenez-lui à utiliser l'internet, et vous aurez la paix pendant des semaines.

Faites l'impossible et votre patron l'ajoutera aussitôt à votre description de tâche.

Je ne suis pas paresseux…

Je me repose
avant d'être fatigué.

Le seul job où il vaut mieux descendre que monter, c'est creuseur de trous.

Il est rare que la réputation d'un homme survive à sa fortune.

Le temps est une illusion.
Le beau temps encore plus.

Demain est
toujours la plus
grosse journée
de la semaine.

D'ordinaire, quand les gens arrivent à une conclusion, c'est parce qu'ils en ont marre de réfléchir.

Si ce n'était de la dernière minute, je n'arriverais jamais à rien faire.

À quoi bon être un génie si on ne peut pas s'en servir comme excuse pour rester au chômage?

Vingt fois sur le métier remettez votre ouvrage, et tant qu'à y être mettez-y le mien aussi.

Le travail d'une femme
n'est jamais terminé, surtout
la partie que son mari
devait faire pour elle.

Si le travail est une si bonne chose, pourquoi les riches le font-ils faire par quelqu'un d'autre?

Si vous parlez encore de ce que vous avez fait hier, vous n'avez pas fait grand-chose aujourd'hui.

En cas d'urgence,
ne faites ni une ni deux.
Faites trois.

Si vous croyez que votre patron est un imbécile, souvenez-vous que vous n'auriez pas ce boulot s'il était le moindrement plus intelligent.

Travaillez fort huit heures par jour, et vous courez la chance d'être promu à un poste où vous travaillerez douze heures par jour.

L'amour est une défaillance cardiaque des plus enviables qui s'accompagne généralement d'un amolissement du cerveau ainsi que d'une grande fièvre qui fait tour à tour languir, soupirer, puis brûler et enfin mourir d'amour.

Qui trébuche
sur l'amour se
relève aisément.
Qui tombe
amoureux
tombera toujours.

L'amour est la chose la plus importante qui soit…

et le hockey
n'est pas loin derrière.

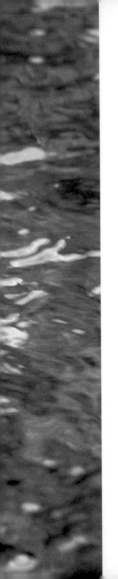

Pas besoin d'amour.

Je vis de chocolat
et d'eau fraîche.

L'amour est un sport
où tout le monde
est hors-jeu et dont
l'arbitre est aveugle.

Un bon mari vous soutiendra durant toutes les épreuves que vous n'auriez pas eues si vous étiez restée célibataire.

Aimer, c'est regarder ensemble
en direction de la télé.

Ne vous mariez pas pour l'argent.

C'est moins cher de l'emprunter.

Le mariage est l'union par laquelle amant et maîtresse deviennent mari et femme afin de pouvoir vivre ensemble comme frère et sœur.

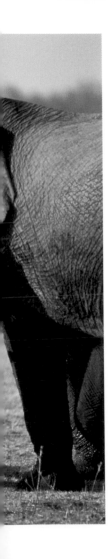

L'épouse idéale aide son mari à faire la vaisselle.

Si je me parle à moi-même, c'est parce que je suis le seul qui répond intelligemment.

Ne pas connaître les règles
vous rabaisse au niveau
de l'arbitre.

Quand on y pense,
c'est bête à pleurer
d'avoir à passer un septième
de sa vie le lundi.

Si l'important n'est pas
de gagner mais de
participer, pourquoi
compter les points ?

Arrivé à un certain âge,
on a beaucoup moins de
plaisir à travailler et il faut
travailler beaucoup plus
fort pour avoir du plaisir.

On se rend compte qu'on a vieilli quand on a le choix entre deux folies et qu'on choisit celle qui nous ramènera à la maison le plus tôt.

Bien des gens parlent
aux animaux…

Le problème, c'est que peu
de gens les écoutent.

On sait qu'on vieillit quand on commence à choisir ses aliments pour leurs vertus digestives plutôt que gustatives.

L'inflation consiste à payer 20$
pour une coupe de cheveux
qui en coûtait 10$ quand
on avait des cheveux.

Hatez-vous lentement ;
vous vivrez
plus longtemps.

Le temps guérit toutes les blessures,
mais il n'arrange pas le portrait.